GEDÄCHTNISLEISTUNG STÄRKEN

Tipps für die Entwicklung
eines verlässlichen Gedächtnisses

Verfasst von Géraud Tassignon
Übersetzt von Leonie Kremer

Für die Arbeitswelt 50MINUTEN.de

GEDÄCHTNISLEISTUNG STÄRKEN

- **Ziel:** Methoden kennenlernen, mit denen man bei Präsentationen nicht den Faden verliert, sich an den Namen einer Person erinnert, die man bei einem Networking-Event kennengelernt hat, sich eine interessante Information über ein bestimmtes Thema merkt usw.
- **Anwendung:** Das Gedächtnis hilft im Alltag, eine Vielzahl von Informationen aufzunehmen und zu speichern. Aus diesem Grund ist es wichtig, es zu trainieren, um seine intellektuellen Fähigkeiten weiter zu optimieren.
- **Arbeitskontext:** Projekt- oder Produktpräsentation, Kontaktpflege, (berufliche) Leistungsfähigkeit, Wohlergehen am Arbeitsplatz
- **FAQ:**
  - Ist es normal, zu vergessen?
  - Warum vergesse ich manche Erinnerungen nicht?
  - Sind alle Erinnerungen nützlich?

- Wie kann man im Internetzeitalter weiterhin dazu lernen?
- Was muss ich machen, um einfacher zu lernen?
- Wie kann ich mein Gedächtnis pflegen?
- Ich neige dazu, schnell zu vergessen, was man mir grade gesagt hat. Was kann ich dagegen tun?

EINLEITUNG

Selbstkenntnis und lebenslanges Lernen gehören zum Leben des Menschen dazu. Natürlich wäre das ohne die einzigartigen Fähigkeiten des Gedächtnisses nicht möglich. Dennoch haben Sie bestimmt schon einmal dessen Grenzen erlebt: Ihnen ist der Name eines Bekannten entfallen, Sie haben stundenlang nach den Personalien eines alten Klassenkameraden gesucht, als Schüler hatten Sie Schwierigkeiten sich den ganzen Lernstoff für Klausuren anzueignen und bei Ihrer beruflichen Ausbildung hat sich das wiederholt. Auch heute noch fürchten Sie sich vor den Streichen, die Ihnen Ihr Gedächtnis spielen kann.

Keines der beschriebenen Phänomene ist anormal. Wir sind schließlich keine Roboter! Und unser Gedächtnis ist zum Glück nicht unfehlbar. Seien Sie ganz beruhigt: Nichts ist endgültig; Sie können in jedem Alter weiterlernen. Abgesehen von einigen medizinischen Fällen gibt es kein Gedächtnis, das per se schlecht ist. Besser noch, es gibt einfache Mittel, es anzuregen und zu verbessern. Diese Fähigkeit ist für Menschen lebenswichtig. Es ermöglicht, im Laufe des Lebens zu lernen und sich anzupassen, aber auch seine eigene Identität zu entwickeln. Aus diesem Grund ist es unerlässlich, sein Gedächtnis best-möglich zu pflegen und zu erhalten und so das Meiste aus seinem Potenzial zu machen.

In nur 50 Minuten wird im Folgenden die Funktionsweise des Gedächtnisses umrissen und Sie lernen, wie Sie dessen Kapazität maximal ausnutzen. Dank unseren leicht anwendbaren Aufgaben für den Alltag können Sie wieder voll und ganz Vertrauen in Ihre kognitiven Fähigkeiten fassen.

GEDÄCHTNISLEISTUNG: DIE GRUNDLAGEN

WAS IST DAS GEDÄCHTNIS?

Funktionsweise

Der Begriff „Gedächtnis" bezeichnet die Fähigkeit des Gehirns Informationen zu analysieren und zu speichern, um sie später abrufen zu können. Durch die Forschung in Disziplinen wie Psychologie oder Neurowissenschaften kann die Funktionsweise des Gedächtnisses in drei Schritten schematisiert werden:

- Aufnehmen bezeichnet die Lernphase
- Speichern meint das Lagern von Informationen
- Abrufen von Informationen findet dann statt, wenn diese wiedergegeben werden

Allerdings ist läuft dieser Prozess nicht immer identisch ab. Alles, was mit Sprache zu tun hat, beansprucht das „deklarative" Gedächtnis, während der Erwerb von motorischen Fähigkeiten das „prozedurale" Gedächtnis fordert.

Außerdem gibt es drei Arten von Gedächtnis, die zusammenwirken, Informationen scannen und speichern: das sensorische Gedächtnis sowie das Kurzzeit- und das Langzeitgedächtnis. Zudem wird das Gedächtnis nach verschiedenen Gehirnbereichen unterteilt:

- Der Occipitallappen verarbeitet visuelle Impulse.
- Der Temporallappen ist für Gehör, Geruchs- und Gleichgewichtssinn zuständig.
- Der Parietallappen ist zuständig für Berührung.
- Der Frontallappen ist mit Sprache, Bewegung, Gedanken und komplexen Überlegungen verbunden.

Das Gedächtnis bezeichnet also eine Einheit aus zahlreichen Bestandteilen. Jedes dieser Teile wird durch die Merkdauer und Informationen und die Menge der gespeicherten Informationen charakterisiert.

Komplexe Mechanismen

- **Das sensorische Gedächtnis** oder Ultrakurzzeitgedächtnis ermöglicht, die gespeicherten Informationen dank der fünf

Sinne zu interpretieren und sie für einige Sekunden zu behalten. Es kann folgenderweise unterteilt werden: das ikonische Gedächtnis für visuelle Wahrnehmung, das echoische Gedächtnis für auditive Wahrnehmung, das olfaktorische Gedächtnis für Gerüche und das haptische Gedächtnis für Berührung. Sie sind wie eine Art Filter für die zahlreichen Reize, denen wir – oftmals unbewusst – ausgesetzt sind und ein obligatorisches Hindernis für die Informationsspeicherung.

- **Das Kurzzeitgedächtnis**, auch Arbeitsgedächtnis genannt, speichert eine aktive Information für die Zeit, die für die Durchführung einer Tätigkeit notwendig ist, wie z. B. eine Telefonnummer wählen. Die Speicherkapazität dieses Gedächtnisses ist begrenzt auf wenige Momente und sobald die Aufgabe erledigt ist, werden die Daten zerstört oder gehen verloren.
- **Das Langzeitgedächtnis** bewahrt die ältesten Informationen, die als am wichtigsten eingestuft werden, für unbegrenzte Zeit. Es kann wiederum in das prozedurale (implizite) und deklarative (explizite) Gedächtnis unterteilt werden. Ersteres speichert automatisierte

Handlungsabläufe wie Fahrradfahren, ohne dass dafür bewusste Anstrengung geleistet werden muss. Das zweite ist der Ort für die tatsächliche Informationsspeicherung. Das explizite Gedächtnis unterteilt sich seinerseits in das semantische Gedächtnis für Allgemeinwissen und das episodische Gedächtnis für persönliche Erinnerungen. Demnach behalten wir unbewusst zahlreiche Informationen und einzig ein kleiner Teil davon wird uns ins Bewusstsein gerufen. Vorsicht jedoch, dieses Gedächtnis ist nicht unfehlbar.

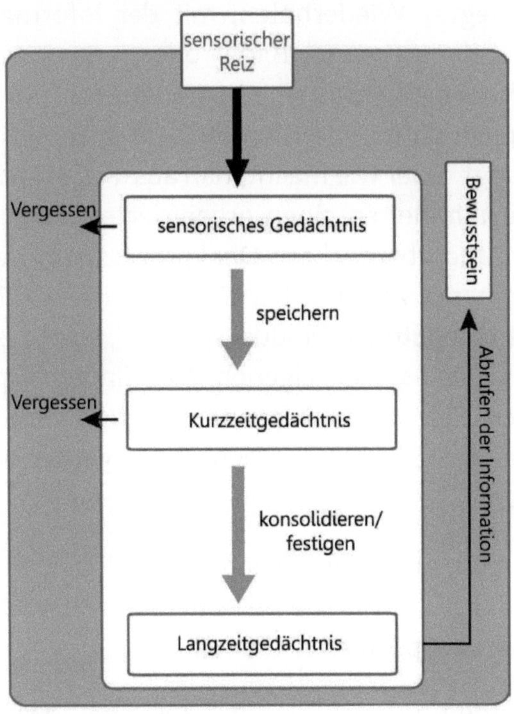

EINE PERSÖNLICHE STRATEGIE

Im Laufe Ihres Lebens – und vor allem während Ihrer Schulzeit – haben Sie bestimmt, wenn vielleicht auch unbewusst, eine Methode zur

Informationsspeicherung angewendet. Mit Musik unterlegtes Wiederholen, mit der Information verbundene (innere) Bilder oder mnemonische Methoden (Merkhilfen, bspw. Eselsbrücken) sind Beispiele dafür, wie man effizientes Lernen begünstigt. Aber wie macht man aus diesen kleinen Angewohnheiten einen organisierten, zuverlässigen und überdachten Denkprozess, um Daten systematisch zu speichern? Leider gibt es keinen allgemeingültigen Modus Operandi, stattdessen muss jeder seinen eigenen Weg finden, indem er sich über seine Fähigkeiten bewusst wird. Die folgenden Schritte werden Ihnen genau dabei helfen.

Hier nun einige einfachen Methoden, die Ihre persönliche Strategie vervollständigen und Ihr Lernritual optimieren können:

• Werden Sie sich darüber bewusst, dass Sie keine Information behalten, wenn Sie sie nicht nutzen. Deshalb ist es wichtig, einen Sinn und Zweck für das zu finden, was man lernen will. Sie sollten ebenfalls herausfinden, welchen Eingangskanal Sie für Informationen bevorzugen, das heißt zum Beispiel zwischen auditivem und visuellem Gedächtnis wählen.

- Denken Sie daran, die Information mit sich selbst und Ihren eigenen Erfahrungen zu verbinden. Das, was die Psychologen Rogers, Kuiper und Kirker „Selbstschema" nennen, hilft dabei, Informationen zu filtern. Mit diesem Mechanismus wird die Information aufgenommen, die einen (selbst) betrifft. Unsere Wahrnehmung hängt davon ab, inwiefern sie mit unserer Selbstwahrnehmung übereinstimmt. Diese Selbstreferenz ist sehr effizient, da das „Selbst" definiert, wie die Information in Bezug zu uns behandelt und strukturiert wird.
- Probieren Sie mnemonische Methoden aus, da diese unumstritten effizient sind. Das menschliche Gehirn ist dafür geschaffen, konkrete und bildliche Ideen leichter zu behalten als abstrakte oder unklare Konzepte.

TIPP: MNEMONISCHE METHODEN

- Um eine Liste von Wörtern auswendig zu lernen, können Sie sich eine Geschichte ausdenken, in der diese vorkommen.
- Stellen Sie sich einen vertrauten Ort vor, wo sich in jedem Raum oder in jeder Ecke

jeweils die verschiedenen Ideen befinden, die Sie sich merken wollen.

- Wenn Sie eine künstlerische Ader besitzen, egal ob poetisch oder musikalisch, dann schreiben Sie Ihre eigenen Verse! Nichts hilft besser als Reime, um sich etwas langfristig einzuprägen.
- Sie können die Wörter auch ihren Gegenteilen gegenüberstellen, da Sie die Informationen dadurch kontextualisieren und dabei Verbindungen knüpfen.
- Danken Sie sich ein Wort aus, das aus den Anfangsbuchstaben der Wörter besteht, die Sie sich merken wollen.

Selbstverständlich sind mnemonische Methoden kein Wundermittel, aber sie sind eine Schlüsselstrategie, um bestimmte Einzelelemente eines größeren Kontexts zu behalten, den Sie verstanden und gespeichert haben. Wenn Sie sich nicht mehr ganz sicher sind, dient Ihnen Ihre Merkhilfe gewissermaßen als Rettungsring.

KONZENTRATION HAT OBERSTE PRIORITÄT

Verschaffen Sie sich körperlich und emotional Raum

Alles, was Sie lange behalten wollen, erfordert eine gewisse Aufmerksamkeit. Diese funktioniert als Filter, der die Resonanz der Informationen verstärkt, denn das Gehirn merkt sich nur Informationen, die Sie einmal benutzen werden.

Trotzdem reicht es nicht aus, einfach nur konzentriert zu sein, damit sich eine Information einprägt. Es schadet jedoch nicht, sich von allem fernzuhalten, was Sie potenziell ablenken und vom Lernen abhalten könnte. Probieren Sie einmal zu meditieren, um bestmögliche Lernvoraussetzungen zu schaffen und Ihre Konzentration zu stärken.

Als Kind musste sicher jeder schon mal ein Gedicht oder einen Text auswendig lernen und am Folgetag mühsam vor seinen Klassenkameraden vortragen. Wir kennen also die Wichtigkeit des „Auswendiglernens" im Lernprozess sowie seine Grenzen. Sowohl mündliche als auch schriftliche Wiederholung ist unerlässlich, um Informationen in unser Gedächtnis einzuspeichern. Aber Achtung, sprechen Sie nicht einfach alles nach wie ein Papagei! Durch mechanische Wiederholungen kann man die Informationen nur im Kurzzeitgedächtnis behalten. Um sie ins Langzeitgedächtnis zu übertragen, muss zwischen der neuen Information und solchen, die bereits in diesem Teil des Gedächtnisses gelagert werden, eine Verbindung geschaffen werden. Diese Verbindung stiftet einen Sinn und erleichtert den Zugriff auf die Informationen. Die Tiefgründigkeit der Verarbeitung ist deshalb essentiell. Dieser Aspekt stand im Mittelpunkt eines Experiments der Wissenschaftler Craik und Tulving in Toronto im Jahr 1975.

Ein weiterer wichtiger Punkt ist der Zeitabstand. Was über einen langen Zeitraum gelernt wird, kann besser gespeichert werden, als etwas, das nur in kurzer Zeit gelernt wird.

Schlussendlich werden Konzentration, Wiederholung und der Zeitaspekt von den zuvor genannten Methoden, wie Mindmapping, mnemonische Methoden und innere Bilder, unterstützt.

Ihre grauen Zellen arbeiten, während Sie schlafen

In seinem Artikel „Vieillissement cognitif: le poids de la nuit" beharrt Dr. Philippe Lambert auf die enge Verbindung zwischen Schlaf und Lernen. Letzteres wird ihm zufolge von schlechtem Schlaf gestört.

Zunächst schadet Müdigkeit – meist ausgelöst durch Schlafmangel – der Konzentrations- und Aufmerksamkeitsfähigkeit. Doch auch der Schlaf als solcher spielt eine entscheidende Rolle bei der Stärkung der zerebralen Prozesse. Gute Schlafkonditionen und ausreichende Schlafdauer sind also wichtig, damit man die REM-Schlafphase erreicht, in der allein es möglich ist, Wissen zu festigen. Befreien Sie sich von externen Störfaktoren, damit sich das Gehirn durch Träume und Erinnerungen ausruhen kann.

Diese Theorie wurde im Laufe der Zeit von zahlreichen Wissenschaftlern bewiesen. Die bekanntesten darunter sind Francis Crick und der Mathematiker Graeme Mitchison die ihre

Hypothese 1983 in ihrem gemeinsamen Artikel „The Function of Dream Sleep" darlegten. Darin erklären sie die Rolle, die der REM-Schlaf (charakterisiert durch die Häufigkeit und Intensität von Träumen) beim Organisieren von Erinnerungen spielt. Träume, welche hauptsächlich in dieser Phase auftreten, eliminieren störende oder falsche Gedanken, indem sie diese in Geschichten zusammenfassen. Diese These steht auch im Mittelpunkt zahlreicher Untersuchungen von anderen Wissenschaftlern, wie der Neurowissenschaftler Jonathan Winson, der in einem Artikel im *Scientific American*, „The Meaning of Dreams" (1990), gezeigt hat, dass unsere Erinnerungen in der REM-Phase gefestigt werden. Gegenwärtig zeigt die Forschung von Alyson Mary und Philippe Peigneux der Université libre de Bruxelles, dass dieser Konsolidierungsprozess, aufgrund der Verringerung der REM-Schlafphase, bei alten Menschen anders abläuft als bei jungen.

Es wäre aber falsch, daraus den Rückschluss zu ziehen, dass man beim Schlafen lernt. Das Experiment von Charles Simon und William Emmons aus dem Jahr 1955 zeigt, dass nur

Schläfrigkeit und die Phase, die diese vom Schlaf trennt, es ermöglicht, Informationen zu behalten. Im Tiefschlaf jedoch kann keine Information eingelagert werden, wie es in „The Non-Recall of Material Presented During Sleep" bewiesen wird.

Sport zur Verbesserung der Gedächtnisleistung

Es ist kein Geheimnis, dass die regelmäßige Ausübung von Sport zahlreiche Vorteile für die Gesundheit bringt. Überraschender ist, dass sie auch die kognitiven Fähigkeiten verbessert. Um diese zu optimieren, sollten Sie sich so regelmäßig wie möglich bewegen. In erster Linie wird beim Sport das Gehirn mit Sauerstoff versorgt, außerdem verbessert er auch die Schlafqualität. Vor allem aber werden die Automatismen der körperlichen Aktivität behalten, sodass im Gehirn Platz für die intellektuellen Aktivitäten frei wird. Mit anderen Worten sind sportliche Menschen mit besseren psychomotorischen Fähigkeiten ausgestattet, wodurch sie weniger Schwierigkeiten mit Aufgaben haben, die Kontrolle oder Aufmerksamkeit verlangen. Mithilfe von Studien an Nagetieren wurde entdeckt, dass durch physische Aktivität im Hippocampus neue Gehirnzellen produziert werden (Gehirnstruktur, die sich im Temporallappen befindet und eine zentrale Rolle bei der Informationsspeicherung und der räumlichen Orientierung spielt), die wiederum die Gehirnentwicklung fördern und den Alterungsprozess bremsen.

Noch besser: Selbst das gelegentliche oder kurzzeitige Praktizieren von Sport verbessert die Gedächtnisleistung. Dies bestätigt in jedem Fall eine Studie des Technologieinstituts Georgia (USA). Bereists eine Sporteinheit von mindestens 20 Minuten zwischen den Lernphasen verbessert demnach die Informationsaufnahme. Dieses Ergebnis könnte mit der vermehrten Ausschüttung des Hormons Noradrenalin bei sportlichen Aktivitäten erklärt werden (diese organische Verbindung wirkt als Botenstoff und verursacht die verschiedenen Reaktionen der Rezeptoren, die ihn empfangen).

Außerdem hilft Sport bei psychischen Problemen wie Stress und Depressionen, die dafür bekannt sind, sich negativ auf die Konzentrationsfähigkeit auszuwirken.

Sport dient also nicht nur dazu, das Gedächtnis zu trainieren, sondern auch es zu verbessern, in dem das Lernen vereinfacht wird. Das Sprichwort „Was man nicht im Kopf hat, hat man in den Füßen/Beinen" ist also in doppeltem Sinne wahr.

Achten Sie auf Ihre Ernährung!

Wie auch Schlaf und Sport ist Ernährung ein Grundpfeiler einer gesunden Lebensweise und somit eine Voraussetzung, um im Vollbesitz seiner zerebralen Fähigkeiten zu sein. Unterernährung bei Säuglingen während der Schwangerschaft kann schwere Hirnschäden zufolge haben und ihre Aufmerksamkeits- und Konzentrationsfähigkeiten einschränken. Mit einer gesunden und ausgewogenen Ernährung kann sich das Gehirn vom Kindesalter an perfekt entwickeln. Dahingegen schaden Alkoholkonsum, gesättigte Fettsäuren und zu viel Koffein der Schlafqualität und beeinflussen so auch die Konzentration. Im Gegensatz dazu sind Nahrungsmittel, die reich an Vitaminen, Antioxidantien und ungesättigten Fettsäuren (z. B. Omega-3-Fettsäuren) sind, wie Obst und Gemüse, zu empfehlen.

Ungesättigte Fettsäuren wirken sich nicht nur negativ auf die Verdauung aus, sondern sie haben auch andere, weniger bekannte Nachteile. Eine kürzlich erschienene Studie der Zeitschrift *Brain, Behaviour and Immunity* betont den toxischen Effekt von Fett auf das Gehirn. Bei einer zu reichhaltigen Ernährung können sich die Mirkoglia, die die aktive Immunabwehr des Zentralnervensystems darstellen, nicht mehr bewegen und greifen deshalb die Neuronen an.

Es gibt kein Nahrungsmittel, das Wunder wirkt, aber Übermaß ist immer schädlich! Mit einer Kombination von ausgewogener und abwechslungsreicher Ernährung und regelmäßigen sportlichen Aktivitäten fühlt man sich in seinem Körper wohl und so auch in seinem Geiste. Dieses Gefühl fördert indirekt das Selbstvertrauen sowie das Speichern von neuen Informationen.

TOP TIPPS

Hier sind nun einige guten Vorsätze, die Sie schon heute einfach und effizient umsetzen können, um Ihr Gedächtnis auf Vordermann zu bringen.

- Wenn Ihr orales/auditives Gedächtnis besonders ausgeprägt ist, sollten Sie mit lauter Stimme lernen und wiederholen. Halten Sie dann den Text zu und sagen Sie ihn ohne Hilfe auf. Haben Sie im Gegenteil eher ein visuelles Gedächtnis, versuchen Sie, den Lernstoff in ein Schema oder eine Zeichnung umzusetzen. Schließen Sie die Augen und überprüfen Sie, ob Sie es sich vollständig vorstellen können. Falls Sie aber das Bedürfnis haben, den Stoff zu „leben", haben Sie ein kinästhetisches Gedächtnis. Dann sollten Sie beim Lernen Gesten, Ihre Mimik und andere Ausdrucksweisen verwenden.
- Lernen Sie so oft wie möglich. Um Ihr Gedächtnis zu trainieren, sollten Sie es, wann immer es geht, benutzen: Merken Sie sich Ihre Einkaufsliste, lernen Sie die Geburtstage und Telefonnummern Ihrer Freunde auswendig etc.

- Lesen Sie! Anstatt sich die Nachrichten im Fernsehen anzuschauen, sollten Sie sich dazu zwingen, täglich in der Zeitung zu lesen, um so Ihre Neuronen zu trainieren. Überprüfen Sie nach dem Lesen, ob Sie markante Fakten und Akteure auswendig vortragen können. Versuchen Sie jeden Artikel mit den wichtigsten Informationen wiederzugeben. So können Sie Ihr Gedächtnis im Alltag ideal trainieren.
- Geben Sie die Informationen in Ihren eigenen Worten wieder. Benutzen Sie dafür eigene Ausdrücke, Wortspiele etc. Wenn Ihnen eine Information zu kompliziert vorkommt, versuchen Sie sie auf Ihre eigene Weise zu beschreiben.
- Trainieren Sie Ihre Konzentration. Fokussieren Sie sich auf eine bestimmte Information, um vollkommen aufmerksam zu sein und sich nicht ablenken zu lassen. Dafür können auch Meditationsübungen helfen, denn diese verbessern die Konzentrationsfähigkeit.
- Achten Sie auf sich! Ihre Konzentration könnte von einem ungesunden Lebensstil verschlechtert werden. Vermeiden Sie also Übermaß in allen Bereichen, achten Sie auf eine gesunde Ernährung und Ihre Lebensweise. Lassen Sie

sich auch von Stress nicht vom effektiven Lernen abhalten und probieren Sie Meditation aus.

- Prüfen Sie Ihr Gedächtnis. Gesellschaftsspiele wie Schach oder auch Kreuzworträtsel fordern Ihr Gehirn auf spielerische Weise. Indem Sie jedes Mal etwas Neues lernen, fordern Sie Ihr Gedächtnis immer wieder heraus.

FAQ

IST ES NORMAL, ZU VERGESSEN?

Jeder vergisst mal etwas. Das Vergessen ist sogar nötig, denn dadurch wird das Gedächtnis von den Millionen Reizen, die uns jeden Tag erreichen, nicht überlastet. Es wird also aussortiert und zwischen den Daten entschieden, die uns nützlich sind – die, die uns interessieren – und die, die gelöscht werden können.

Wenn wir eine Information vergessen haben, bedeutet das nicht, dass diese verschwunden ist; wahrscheinlich wurde sich nur länger nicht an sie erinnert und deshalb verbirgt sie sich jetzt unter einem Berg von neueren Informationen. Je öfter eine Information gebraucht und kontextualisiert wird, um regelmäßig genutzt zu werden, desto tiefer wird sie im Gedächtnis verankert.

WARUM VERGESSE ICH MANCHE ERINNERUNGEN NICHT?

„Das ist wie Fahrradfahren, das verlernt man nicht!" Einige Erinnerungen scheinen unveränderlich und das ist uns sehr bewusst. Sensorisch-motorische Fähigkeiten, wie das Fahrradfahren, Schwimmen, oder Autofahren werden niemals vergessen, weil sie von einem anderen Gedächtnis abhängen als das, das für Wissen, Worte und Bilder zuständig ist. Dieses letztere, das deklarative Gedächtnis, steht dem prozeduralen Gedächtnis gegenüber, das mit motorischen Fähigkeiten und Automatismen verbunden ist. Diese Automatismen, die im Leben millionen- bis milliardenfach wiederholt werden, werden nie vergessen, selbst wenn die Merkfähigkeit im Laufe des Alters dazu neigt, abzunehmen.

SIND ALLE ERINNERUNGEN NÜTZLICH?

Jeder wird mit einem anderen neuronalen Kapital geboren. Trotzdem konnte bisher noch keine wissenschaftliche Studie ein Gen nachweisen, das alle Genies bzw. Hochbegabten gemeinsam haben. Hingegen scheint die Kindheit ein entscheidender Faktor bei der Entwicklung des Gedächtnisses zu sein. Je mehr sich ein Kind in einem stimulierenden Umfeld befindet, wo es viele Geräusche, Farben, Gerüche gibt, desto eher entwickelt sich sein Gedächtnis so, dass es Informationen Bedeutung zumisst. Dieses Phänomen wird noch dadurch verstärkt, wie sein Umfeld auf die verschiedenen Reize reagiert. Das Gedächtnis verbessert sich durch Nutzung und Training. Ein Mensch mit schwachem neuronalem Kapital kann sein Gedächtnis durch Training verbessern. Schicksal oder Glück spielt bei diesem Thema also keine Rolle.

WIE KANN MAN IM INTERNETZEITALTER WEITERHIN DAZU LERNEN?

Jeder Mensch mit Internetzugang hat potenziell Zugriff auf eine beachtliche Informationsmasse jeglicher Art. Da ist die Frage durchaus berechtigt, ob das Auswendiglernen von Namen, Fakten, Daten usw. überhaupt noch Sinn macht. Wäre es nicht vernünftiger, zu lernen, wie man Informationen richtig sucht, sie tiefgehend versteht und dann speichert? Dieses Thema behandelt Don Tapscott in seinem Buch *Growing Up Digital* (2008). Er ist der Meinung, dass wir von dem stumpfen Lernen von Fakten, wie Jahreszahlen, befreit werden sollten und wir uns stattdessen auf den tieferen Sinn und den Kontext, in dem ein Ereignis stattgefunden hat, konzentrieren sollten. Trotzdem kann man dieser Auffassung leicht entgegnen, dass eben dieses Verstehen, wie auch die Fähigkeit Abstand zu nehmen und zu analysieren, als Grundvoraussetzung ein Basiswissen benötigt, das nur durch Lernen erworben werden kann.

WAS MUSS ICH MACHEN, UM EINFACHER ZU LERNEN?

Die Lernqualität hängt größtenteils davon ab, wie gut Sie sich selbst und Ihre Stärken und Schwächen kennen. Beginnen Sie damit, Ihre Arbeit zu organisieren und sich Ziele zu stecken, die Sie für realistisch halten. Erstellen Sie dafür wie ein Feldherr einen „Schlachtplan". Planen Sie die einfachen Aufgaben für Ihre unmotivierteren Momente ein und wenn Sie sich fit fühlen, konzentrieren Sie sich auf die anspruchsvollen Aufgaben. Stützen Sie sich außerdem auf Ihr bestes Gedächtnis, egal ob das auditiv oder ikonisch ist, um Ihre Lernzeit zu optimieren. Schlussendlich sollten Sie Ihre persönlichen Methoden entwickeln und nutzen.

WIE KANN ICH MEIN GEDÄCHTNIS PFLEGEN?

Das Praktizieren von intellektuellen und sportlichen Aktivitäten ist wichtig, um das Gedächtnis zu pflegen. Verabredungen, Hobbies und Spiele bieten Möglichkeiten für Austausch, der die neuronalen Schaltkreise anspricht und so die die Gedächtnisleistung verbessert. Daher sind Gespräche und soziale Austausche genauso hilfreich, weil sie wie eine Art Gehirnjogging sind. Sie sollten daher so oft wie möglich Aktivitäten ausüben, die das Gedächtnis stimulieren, und diese so stark wie möglich variieren.

ICH NEIGE DAZU, SCHNELL ZU VERGESSEN, WAS MAN MIR GRADE GESAGT HAT. WAS KANN ICH DAGEGEN TUN?

Für die Informationsaufnahme spielt Wiederholung eine maßgebende Rolle. Diese Wiederholung muss aber nicht im strengen Sinne durchgeführt werden. Natürlich kann man erfolgreich sein, wenn man Wort für Wort auswendig lernt, aber die Informationen in seinen eigenen Worten zu formulieren oder mit Assoziationen zu Freunden, Familie oder etwas anderem zu verbinden, erhöht die emotionale Ladung der empfangenen Informationen, was auch deren Aufnahme erleichtert.

JETZT SIND SIE GEFRAGT!

Jetzt, da Ihr Gedächtnis nicht länger ein Mysterium für Sie darstellt und Sie wissen, wie Sie das Beste aus ihm herausholen, können Sie zur Tat schreiten! Die folgenden Aufgaben und Methoden haben das Ziel, Sie zu trainieren, damit Sie wieder Vertrauen in Ihre kognitiven Fähigkeiten fassen. Unser Ansatz ist natürlich nicht vollständig und es gibt sicherlich noch viele weitere Aufgaben, die Sie im Alltag machen können. Zu den Klassikern gehören Kreuzworträtsel, Schwedenrätsel, Ratespiele in der Zeitung oder Quizshows im Fernsehen. Andere alltägliche Tätigkeiten wie Lesen und Schreiben können Ihnen ebenfalls helfen. Generell sind Ihr Wissensdurst und Ihre Neugier Ihre besten Verbündeten.

HÄUFIGE NUTZUNG DES GEDÄCHTNISSES

Finden Sie Freude am Lernen. Merken Sie sich so viele unterschiedliche Informationen wie möglich – und das so oft wie möglich. Merken Sie sich zum Beispiel:

- die zehn Telefonnummern, die Sie am häufigs-
  ten brauchen
- die Nummer Ihres Personalausweises
- die Geburtstage Ihrer zehn besten Freunde,
  sowie ihre Autokennzeichen

Machen Sie sich einen Spaß daraus, regelmäßig die Präsidenten, Könige und Hauptstädte von jedem Land aufzuzählen. Üben Sie, ein Gedicht auswendig zu lernen, das Ihnen gefällt, indem Sie mit einem Vers anfangen und sich dann langsam steigern, bis Sie das ganze Gedicht auswendig kennen. Ebenso sind Witze oder lustige Anekdoten ein ideales Lernfeld, durch das Sie Ihr Gedächtnis verbessern und gleichzeitig Ihr Umfeld unterhalten.

WIEDERHOLUNG

Wenn Sie sich eine Information merken wollen, sollten Sie sie nach kurzer Zeit wiederholen. Wiederholen Sie dieses Vorgehen nach einigen Stunden, am Folgetag, in der nächsten Woche und so weiter, bis Sie sicher sind, dass Sie die Information aufgenommen haben. Sie werden merken, dass sie sich langfristig festigt.

ANEIGNUNG

Verbinden Sie die Information mit Zahlen, Orten und Namen, die Sie gerne haben, um sie sich anzueignen. Je mehr Sie eine Verbindung zwischen dem, was Sie behalten wollen und sich selbst ziehen können, desto effizienter wird Ihr Lernprozess. Nutzen Sie also Assoziationen zu den Dingen, die Sie gernhaben, und Ihrem Alltag. Wenn beispielsweise der neue Zugangscode für Ihre Arbeit 3107 ist, assoziieren Sie ihn mit Silvester (31) und der Anzahl an Wochentagen (07). Bei Vokabeln können Sie Assoziationen mit Synonymen knüpfen. Bei komplexeren Informationen, sollten Sie sie auf Ihre Art formulieren, anstatt Sie auswendig zu lernen. Sie können sie einem Freund oder sich selbst vortragen, um sie sich besser merken zu können.

KATEGORISIERUNG

Wenn Sie mit vielen Informationen konfrontiert sind, versuchen Sie eine Gemeinsamkeit zu finden und ordnen Sie sie in Kategorien und Unterkategorien ein, die Ihnen logisch erscheinen. Gehen Sie methodisch vor, um eine

Einteilung zu erstellen, die in Ihren Augen Sinn macht. Wenn Sie zum Beispiel die Geschichte des 20. Jahrhunderts lernen, können Sie zwischen Ereignissen politischer und kultureller Natur unterscheiden. Das Jahr 1969 war geprägt vom Vietnamkrieg, besonders der Schlacht am Hamburger Hill, und vom Woodstock-Festival. Gehen Sie nach den Anfangsbuchstaben, Silben oder Klängen, um Gemeinsamkeiten festzustellen, wenn einige Informationen zu abstrakt sind. Denken Sie auch daran, diese verschiedenen Kategorien laut vorzutragen, um Sie besser abzuspeichern.

MACHEN SIE SICH EINEN EIGENEN FILM

Wenn Sie befürchten, etwas zu vergessen, stellen Sie sich vor, wie Sie dabei sind, es zu machen. Wie ein Regisseur sollten Sie die Szene in allen Details kontextualisieren. Sie können Ihrer Fantasie freien Lauf lassen und sich auch Anekdoten ausdenken. Wenn Ihnen der Ablauf des 18. Juni 1815 kompliziert zu lernen vorkommt, versetzten Sie sich mit so vielen Details wie möglich in Napoleon hinein – oder in Wellington!

Ihre Meinung ist uns wichtig!
Hinterlassen Sie doch einen Kommentar auf der
Seite unserer Online-Buchhandlung
und teilen Sie Ihre Favoriten in den sozialen
Netzwerken!

DARÜBER HINAUS

LITERATURVERZEICHNIS

- Bléandonu, Gérard: *L'analyse des rêves et le regard mental.* Mardaga: Brüssel 1995.

- Craik, Fergus I.M.; Tulving, Endel: „Depth of Processing and the Retention of Words in Episodic Memory". In: *Journal of Experimental Psychology* 104(3, 1975).

- Duhamel, Amélie; Danjean, Jean-Pierre: „7 questions sur la mémoire" (16.09.2014). In: *La Vie.* (Auf Französisch).
http://www.lavie.fr/famille/sante/7-questions-sur-la-memoire-16-09-2014-56187_414.php
(19.02.2019).

- Gregoire, Carolyn: „Bonne mémoire: comment se souvenir e tout (ou presque)" (02.10.2013). In: *Le Huffpost.*
https://www.huffingtonpost.fr/2013/10/02/comment-se-souvenir-de-tout-ou-presque_n_4024207.html (19.02.2019).

- Lambert, Philippe: „Vieillissement cognitif: le poid de la nuit" . In: *Tempo Digital* (61, 2015).
http://contentviewer.adobe.com/s/Tempo%20Digital/2fd3bd6f-5b71-5351-9f34-30ffba4298bb/Tempo_digital_61_FR/61_cover_fr.html (19.02.2019).

- Lavie, Peretz: *Le monde du sommeil*. Éditions Odile Jacob: Paris 1998.

- Leconte, Pierre; et al.: *Chronopsychologie. Rythmes et activités humaines*. Presse universitaire de Lille: Villeneuve d'Ascq 1988.

- Lieury, Alan: „Huit questions sur la mémoire". In: *Sciences Humaines* (Nov. 2014). https://www.scienceshumaines.com/huit-ques-tions-sur-la-memoire_fr_33378.html (19.02.2019).

- Pigani, Erik: „Cerveau: 10 questions pour vous raf-raichir la mémoire" (15.04.2009). In: *Psychologies*. (Auf Französisch). https://www.psychologies.com/Bien-etre/Prevention/Hygiene-de-vie/Articles-et-Dossiers/Cerveau-10-questions-pour-vous-rafraichir-la-memoire (19.02.2019).

- Raine, Lauren B.; et al.: „The Influence of Childhood Aerobic Fitness in Learning and Memory" (11.09.2013). In: *PLOS ONE*. (Auf Englisch). https://journals.plos.org/plosone/article?id=10.1371/journal.pone.0072666 (19.02.2019).

- Rogers, Tmothy B.; et al.: „Self-reference and the encoding of personal information". In: *Journal of Personality and Social Psychology* 35(9, 1977).

- Schacter, Daniel: *À la rechercher de la mémoire. Le passé, l'esprit, le cerveau*. De Boeck Université: Brüssel 1996.

- Sève, Marie-Madeleine: „Six exercices pour amélio-
  rer sa mémoire" (22.04.2013). In: *L'Entreprise.* (Auf
  Französisch).
  https://lentreprise.lexpress.fr/rh-management/
  efficacite-personnelle/six-exercices-pour-amelio-
  rer-sa-memoire_1518823.html (19.02.2019).

WEITERFÜHRENDE LITERATUR

- Korte, Martin: *Wir sind Gedächtnis. Wie unsere
  Erinnerungen bestimmen, wer wir sind.* DVA:
  München 2017.

- Vester, Frederic: *Denken, Lernen, Vergessen.* dtv:
  München 2004.

MEHR AUF 50MINUTEN.DE

- Charlier, Maïlys: *Konzentrationsfähigkeit verbessern. Tipps für langanhaltende Konzentration und
  Aufmerksamkeit.* Aus dem Französischen von
  Leonie Kremer. Plurilingua Publishing: Brüssel
  2019.

- Charlier, Maïlys: *Emotionale Intelligenz fördern.
  Methoden, mit denen Sie Ihren EQ boosten.* Aus
  dem Französischen von Leonie Kremer. Plurilingua
  Publishing: Brüssel 2019.

50MINUTEN.de
Geschichte
Business
Für die Arbeitswelt
Non-Fiction kompakt
Gesundheit & Wellness
Kunst und Literatur
DAS PARETO-PRINZIP
Die 80/20-Regel
Gesamtaufwand
Ergebnisse
20%
80%
80%
20%
Wichtig
Unwichtig
DAS CANVAS-BUSINESSMODELL
WERTANGEBOT
DIE SWOT-ANALYSE
SCHMÖKERN SIE SICH SCHLAU!
www.50Minuten.de

Die präsentierten Inhalte werden vom Herausgeber überprüft, dennoch übernimmt dieser keine Haftung für die inhaltliche Richtigkeit, Vollständigkeit und Aktualität der vorgestellten Inhalte.

www.50Minuten.de

ISBN digitale Ausgabe: 9782808018203

ISBN gedruckte Ausgabe: 9782808018210

Pflichtexemplar: D/2019/12603/77

Cover: © Plurilingua

Digitale Aufbereitung: Primento, der digitale Partner der Herausgeber